J. M. J.

MARIAGE

DE

M. Alfred GROUT, *Lieutenant*,

AVEC

Mlle Marguerite PÉNIN;

ET DE

M. LAURENT, *Sous-Ingénieur*,

AVEC LA

Sœur de M. GROUT.

MES CHERS AMIS,

Vingt et un ans de cette vie fugitive se sont
écoulés depuis le jour où, dans cette église et
au pied de cet autel, je bénissais une union
demeurée l'un de mes meilleurs souvenirs. Je
n'étais pas le pasteur de ces heureux époux ;
mais alors comme aujourd'hui, avec une dé-
licate bienveillance qui appelle toute ma gra-
titude, leur estimable curé daignait me céder
ses droits. Les miens reposaient sur une vieille
amitié, dont les liens sont parfois aussi forts
que ceux du sang et qui rendent communs
les deuils et les fêtes. Le jeune époux avait
été, dans un établissement béni des familles,
l'un de nos plus estimés élèves par les qualités
du cœur. Pouvais-je ignorer celles de la
jeune épouse, qui avait grandi sous mes
yeux, toujours plus digne de la confiance et
de l'amour de ses parents et d'une sœur ten-
drement aimée, dont je devais plus tard bénir
aussi l'alliance fortunée ? Heureux prêtre,
heureux ami, j'appelai de grand cœur avec
leurs religieuses familles les bénédictions du

ciel sur ces noces chrétiennes, et nos vœux se sont changés en reconnaissance.

Aujourd'hui, c'est l'aînée de leurs filles chéries, l'ornement, la paix, la joie, avec sa douce sœur, du foyer paternel, qui vient aux pieds de ces mêmes autels me demander, à son tour, de bénir son union avec l'époux de son choix, ou plutôt avec l'époux que Dieu lui a choisi ; car n'est-ce pas sa main qui rapproche les cœurs qu'il a créés pour le servir, l'aimer et s'entr'aimer ?

A cette heure encore, Dieu va former une autre union attendrissante, puisqu'elle est le témoignage et la récompense des sollicitudes de l'amour fraternel, et enlacer ainsi trois familles dans des liens d'affection et d'estime que rien ne rompra jamais.

C'est donc, mes chers amis, le moment solennel où en présence de Dieu, entourés de vos parents, de vos amis, des plus honorables sympathies, vous allez échanger le serment le plus grave et le plus doux, le plus durable et le plus sacré de la vie. Enfants de Dieu et de l'Eglise, par le baptême de la France et par votre baptême, vous venez recevoir *le grand Sacrement* qu'institua Jésus-Christ, l'Homme Dieu — pour élever encore la bénédiction qui fonda la famille et sanctifia l'union de nos premiers parents ; — pour donner un caractère divin à l'alliance des époux chrétiens appelée à retracer son union sainte, une, indissoluble avec son Eglise — et enfin pour placer, auprès des grands devoirs de la vie de famille, les grands secours, les grandes bénédictions du Ciel. Puissent votre foi, mes chers frères, votre piété, mes chères sœurs, vous les obtenir dans toute leur efficacité.

Vous méritez ce vœu, cher Lieutenant, que je vois honoré de la présence de votre premier chef, entouré de vos supérieurs, de vos collègues et de vos inférieurs, fidèles aux touchantes traditions qui font de l'armée une grande famille. Vous étiez bien jeune quand votre père, un digne officier qui revit en vous, mourait et vous léguait, avec son nom et son honneur, son titre de chef de famille, héritage sacré que vous avez religieusement gardé. L'oncle qui devait protéger, par son grade élevé, vos premiers pas dans la noble carrière des armes, vous fut encore ravi. Dieu voulait que vous dussiez votre avenir à sa protection et à votre bonne conduite : Il vous choisissait pour montrer qu'avec son aide et un cœur ferme, on se fait un degré des obstacles.

Votre éducation se continua sous une grande institutrice souvent calomniée et qui, bien écoutée, fait des hommes des héros, et, chose admirable! rapproche de la vie chrétienne par les vertus qu'elle commande. Qu'est-ce, en effet, que l'armée, à laquelle il m'est doux de payer un juste tribut d'hommage et de reconnaissance devant un noble général, des colonels, des chefs qui la personnifient glorieusement par leur dévoûment à la France et par leur respect pour la Religion ?

L'armée, pour m'inspirer des pensées de nos prêtres et de nos évêques, c'est l'élite et l'orgueil de la nation et des familles, le sang le plus généreux de la patrie, la noble héritière de l'antique Chevalerie, vouée à la défense de la patrie, de l'ordre, de la religion, du droit, de la justice, de la faiblesse! C'est une *grande école de respect* pour l'autorité ; d'*honneur* pour inspirer à l'homme le sentiment de sa dignité personnelle ; de *discipline* pour faire plier l'âme sous la règle du devoir, et de *sacrifice,* pour ne compter jamais avec sa vie lorsque la patrie la demande : Voilà le guerrier et aussi le chrétien. De là, cette alliance auguste, étroite, entre l'Eglise et l'Armée, entre la croix et l'épée, entre le prêtre et le soldat; et le signe ambitionné de l'honneur et le signe adoré de la religion, n'est-ce pas toujours *la Croix?*

Sous ces inspirations généreuses et sous l'œil vigilant et satisfait de vos chefs, vous êtes monté au rang où je vous vois, heureux de remplir auprès d'une mère fière de son fils et auprès de deux sœurs chéries la mission d'honneur et de protection que vous avait confiée votre père; et quand votre mère, à son tour, quittait cette terre et vous laissait tout le soin de l'avenir de vos sœurs, vous sûtes réaliser ses espérances sans oublier jamais ce que vous deviez à la patrie. Ah! comme votre cœur battait à l'unisson avec celui de vos chefs et de vos frères d'armes, au temps de nos malheurs et de nos désastres ! Dieu, le Dieu de vos sœurs, vous garda au milieu des fatigues et des périls : Vous aviez le dévouement d'un père, il vous en réservait la récompense. J'en atteste cet officier brave, loyal, aimé et estimé de tous, votre ami de tant d'années devenu,

par la compagne qu'il vous doit, un heureux
frère, dont la franchise et la rondeur vous re-
mercient chaque jour du trésor que vous lui
avez donné; tandis que votre sœur vous bénit
de l'époux que vous lui avez choisi.

Vous aussi, estimé compatriote, qui avez, en
fils du brave militaire, conquis glorieusement
votre position dans la haute industrie, en recevant d'un frère si dévoué votre gracieuse
épouse, vous vous louerez à lui et à Dieu de
la part qui vous est faite.

Alors seulement, cher Lieutenant, vous son-
geâtes à vous-même. Dans votre vocation su-
blime et agitée, on comprend mieux que le
vrai bonheur de la vie, selon la pensée d'un
de nos grands évêques, vient de la famille, et
combien des affections partagées et certaines
sont délicieuses. On cherche une angélique
compagne qui trouve, elle aussi, son bonheur
où Dieu l'a placé : dans la suave intimité de
la vie de famille, dans les joies et les dévouements bénis de l'épouse et de la mère, et auprès
de laquelle on puisse goûter les charmes du
court repos que laisse le devoir, et trouver un
encouragement à devenir encore meilleur.
Cette compagne désirée, vous êtes allé la de-

mander, non point aux fêtes du monde, où tout est mirage, mais à une famille paisible, honorée par sa probité, ses habitudes religieuses et charitables, et si l'amitié ne m'abuse, Dieu vous la donne aujourd'hui. A vous, si bon fils, il rend aussi un père et une mère, et déjà vous le sentez mieux que je ne pourrais l'exprimer.

Et vous, ma chère sœur, qui allez quitter des lieux où les cœurs sont tellement unis que vos amis s'inquiètent des tristesses de la séparation, que je vous plaindrais, si je ne savais que, dans votre nouvelle famille, les mêmes exemples d'union, de paix, d'égards réciproques vous attendent, et que votre époux n'oubliera jamais ce que pour lui vous quittez et vous acceptez. Quand, sous le vêtement d'un guerrier allant donner sa vie pour la France, il vous donne sa foi et reçoit la vôtre, vous ne pouvez ignorer que c'est une vie d'obéissance, d'abnégation, de sacrifice à partager, et vous n'hésitez pas. Humble, modeste et si timide, voici que vous prenez votre place auprès des nobles femmes que cette vie de dévouements continus attire et enthousiasme, et dont le tendre amour est cependant toujours prêt à laisser, à la voix de la patrie, voler leur époux, le père de leurs enfants au poste de l'honneur et du péril; se rappelant, au plus fort de leur douleur, les devoirs de l'épouse d'un officier français. Comme vous, votre nouvelle sœur trouvera dans son heureuse union le devoir et le sacrifice; ils sont partout !.... Mais courage et confiance, mes chères sœurs, vous êtes et vous serez toujours véritablement chrétiennes. Or, avec Dieu, avec la prière et l'Eucharistie, avec vous, ô Marie, leur gloire, leur modèle, leur amour, les épouses, les mères chrétiennes ont des énergies qui étonnent qui soutiennent l'homme, et ces anges de la terre ont souvent ravi d'admiration les anges du ciel.

Et maintenant, Seigneur, au nom des mérites de votre divin sacrifice, en recevant les serments de ces époux chrétiens, exaucez leurs vœux et les nôtres. Donnez-leur les bénédictions que vous accordiez aux époux des anciens jours, et qu'ils les transmettent à la postérité que vous leur confierez. Nous vous demandons encore plus : Demeurez avec eux toujours; car, on l'a dit avec une douce et effrayante vérité, vous êtes la sauvegarde des serments et de l'amour des époux, l'auteur et le modèle de l'infatigable tendresse des parents, et la sauvegarde aussi de l'affection des enfants. Avec vous, les joies du sanctuaire domestique sont sans remords, les tristesses sans découragement : on traverse la vie dans l'éternelle jeunesse du cœur, en s'estimant, en s'aimant comme en ce beau jour; et à l'heure de l'inévitable séparation, vous dites, mon Dieu, à vos enfants : Ne pleurez pas; je vous ai unis sur la terre, je vous réunirai au ciel.

Ainsi soit-il.